Inhalt

Strom selbst gemacht - immer mehr Unternehmen setzen auf Eigenerzeugung

Kernthesen

Beitrag

Fallbeispiele

Weiterführende Literatur

Impressum

Strom selbst gemacht - immer mehr Unternehmen setzen auf Eigenerzeugung

Manuel Berkel

Kernthesen

- Die steigenden Energiepreise belasten Unternehmen immer mehr.
- Viele Unternehmen reagieren mit eigenen Anlagen zur Strom- oder Wärmeerzeugung.
- Die Anlagen senken nicht nur die Erzeugungskosten, sie machen auch unabhängig von steigenden Umlagen und staatlich regulierten Entgelten.
- Contracting hilft, Anfangsinvestitionen gering zu halten.
- Erste Betriebe setzen bei der

Eigenerzeugung auf erneuerbare Energien.
- Steuerliche Vorteile der Eigenerzeugung könnten künftig von der Politik gestrichen werden.

Beitrag

Die Strompreise für Industriekunden sind zum Jahresanfang um etwa zehn Prozent auf etwa 15,5 Cent pro Kilowattstunde gestiegen und haben damit einen neuen Rekordwert erreicht. Die Preise für Einzelhandelsunternehmen stiegen auf etwa 17,5 Cent. Gründe waren vor allem die Erhöhung der Umlage nach dem Erneuerbare-Energien-Gesetz (EEG) von 3,6 auf 5,3 Cent, steigende Netzentgelte sowie eine neue Umlage zur Vergemeinschaftung von Haftungsrisiken beim Ausbau der Offshore-Windkraft. In den kommenden Jahren wird vor allem die EEG-Umlage voraussichtlich weiter steigen. Wegen der absehbaren Belastungen gaben schon im Herbst 2012 in einer Umfrage des DIHK ein Drittel von 2 300 befragten Unternehmen an, den Neubau eigener Anlagen zur Stromerzeugung zu prüfen. Über alle Unternehmensgrößen hinweg ist der Trend erkennbar, die Stromerzeugung selbst in die Hand zu nehmen. Wegen der höheren Bezugskosten rechnet sich die Eigenerzeugung allerdings vor allem für kleine Unternehmen. Etwa 13 Prozent der Betriebe in

Deutschland haben bereits eigene Kraftwerke errichtet. Der Paderborner Lebensmittelhersteller Stute beispielsweise erzeugt fast die Hälfte seines Stroms selbst. Die Kosten liegen bei etwa fünf Cent pro Kilowattstunde und damit bei etwa einem Drittel gegenüber einem Bezug aus dem öffentlichen Netz. (1), (2), (9)

Blockheizkraftwerke sind der Standard

Einige Betriebe nutzen ohnehin vorhandene Notstromaggregate, um Verbrauchsspitzen abzufangen. Die Verringerung der Spitzenlastnachfrage bringt eine besonders hohe Kostenentlastung. Die Standardlösung für eine umfassende Eigenversorgung sind jedoch Blockheizkraftwerke auf Erdgasbasis. Sie lohnen sich überall dort, wo neben Strom auch Wärme benötigt wird. Wegen der Kraft-Wärme-Kopplung sind sie besonders effizient und die Kosten für Brennstoffe vergleichsweise gering. Strom aus Blockheizkraftwerken wird zusätzlich vom Staat nach dem KWK-Gesetz gefördert. Pro Kilowattstunde gibt es je nach Größe der Anlage 1,5 bis 5,1 Cent als Zuschuss. Außerdem ist das verbrauchte Erdgas in der Regel von der Energiesteuer befreit. (3), (4), (10)

Erste Pionierunternehmen haben angefangen, erneuerbare Energien für die Selbstversorgung einzusetzen. Sprachen in der Vergangenheit vor allem Imagegründe für den Betrieb von Windrädern, Biomasse-Heizkraftwerken oder Solaranlagen, ist durch die jüngste Preiserhöhung in manchen Fällen inzwischen sogar die Grünstromerzeugung mit Fotovoltaikmodulen wirtschaftlich. Die Modulkosten sind in den vergangenen drei Jahren um rund 50 Prozent gesunken. Schon bei einem Strompreis von 14 Cent pro Kilowattstunde lohnt es sich inzwischen, eine eigene Solaranlage zu installieren. Die Herstellungskosten für Solarstrom vom Dach liegen bereits unter 13 Cent. Die Eigenerzeugung aus erneuerbaren Energien ist besonders deshalb interessant, weil die Strombezugskosten über einen Zeitraum von 20 bis 25 Jahren gedeckelt sind. Im Gegensatz zu Blockheizkraftwerken entfällt sogar das Risiko steigender Brennstoffkosten. Solaranlagen senken in Industrie- und Gewerbebetrieben vor allem den Anteil des hohen Spitzenlaststroms, weil sie tagsüber und besonders zur Mittagszeit produzieren. (1), (2), (3), (9)

Rechtliche Beratung wichtig beim Contracting

Eine Möglichkeit, die nötigen Investitionen für eine

Erzeugungsanlage zu sparen und das für Planung und Betrieb nötige Know-how schnell zu beschaffen, ist die Inanspruchnahme spezieller Dienstleister, sogenannter Contractoren. Beim Energieliefercontracting finanziert der Contractor die Erzeugungsanlage, meist ein Blockheizkraftwerk, während der Contractingnehmer das wirtschaftliche Risiko des Brennstoffkostenanstiegs weiterhin tragen muss. Die steuerlichen Vorteile für die Eigenerzeugung bergen im Falle des Contractings einige rechtliche Risiken. Deshalb sollte sich der Energieabnehmer rechtlich beraten lassen. Ein Vorteil des Contractings ist allerdings, dass der Contractor in der Regel auch nach Energiesparmöglichkeiten im Betrieb sucht. Auf diese Weise sind Einsparungen von bis zu 20 Prozent möglich. (4), (6)

Trends

Auf selbst erzeugten und verbrauchten Strom werden wesentlich weniger staatliche Abgaben fällig als auf Strom aus dem Netz. Es entfallen Stromsteuer, Konzessionsabgabe, Netzentgelt, KWK- und EEG-Umlage. Allein diese Effekte können die Stromrechnung wesentlich verringern und werden mit steigenden Umlagen noch an Bedeutung gewinnen. In Zukunft könnte dieses Privileg jedoch eingeschränkt werden. In politischen Kreisen wird zunehmend realisiert, dass die Lasten für nicht-privilegierte Verbrauchergruppen - vor allem private Haushalte - steigen, wenn die Zahlung beispielsweise der EEG-Förderung von einem immer kleineren Kreis von Stromverbrauchern finanziert werden muss. Im Rahmen seiner Strompreisbremse hat Bundesumweltminister Peter Altmaier im Januar dieses Jahres vorgeschlagen, dass künftig auch Strom aus eigener Erzeugung mit der EEG-Umlage belastet werden solle. Ob dieser Vorschlag noch vor der Bundestagswahl im September umgesetzt wird, ist allerdings unklar. (3), (4), (5)Kostenvorteile bietet die solare Eigenstromerzeugung künftig auch in Kombination mit Elektroautos. Einige Unternehmen nehmen elektrisch betriebene Kleintransporter in ihre Fuhrparks auf, um Treibstoffkosten zu sparen. In Kombination mit einer Solaranlage können die Kosten sogar geringer sein als bei einem Dieselfahrzeug. (2)

Fallbeispiele

Altenpflegeheim setzt auf erneuerbare Energie

Ein Beispiel für ein Blockheizkraftwerk aus dem

Immobilienbereich findet sich im Altenpflegeheim des Arbeitersamariterbundes in Oberhausen (Rheinland). In dem Neubau mit 64 Betten wird das BHKW durch einen Spitzenlastbrennwertkessel ergänzt sowie durch Solarkollektoren. Auf diese Weise versorgt sich das Gebäude nicht nur teilweise mit Strom, es liegt auch noch 30 Prozent unter den Anforderissen der Energieeinsparverordnung (EnEV) 2009. Weitere Anwendungsmöglichkeiten für BHKW sind beispielsweise Hotels, Mehrfamilienhäuser, Ferienanlagen und Schwimmbäder. (7)

Pharmakonzern Merck bald mit eigenem Blockheizkraftwerk

Ein aktuelles Beispiel aus der Industrie ist der Pharmakonzern Merck. Das Unternehmen nimmt im zweiten Quartal dieses Jahres ein neues, großes Blockheizkraftwerk mit einer Leistung von vier Megawatt in Betrieb. Bisher bezieht Merck seinen Strom am Standort Gernsheim aus dem öffentlichen Netz. Die Investitionssumme für das BHKW liegt bei sechs Millionen Euro, mit ihm will das Unternehmen die Hälfte seines Strombedarfs decken. Jährlich spart die effiziente Anlage außerdem 6 000 Tonnen Kohlendioxid ein, mehr als zehn Prozent der Emissionen des Betriebes in Gernsheim. (8)

Lebensmittelfabrikant Stute mit breitem Energiemix

Einen besonders breiten Energiemix hat der Lebensmittelfabrikant Stute in Paderborn. Das Unternehmen betreibt eine Biogas-Anlage und hat 4,5 Millionen Euro in drei Windräder investiert, die pro Jahr 7,2 Millionen Kilowattstunden Strom erzeugen. Außerdem hat Stute auf den Dächern seiner Firmengebäude und auf Freiflächen Fotovoltaik-Anlagen auf 95.000 Quadratmetern installiert. Die Kosten dafür lagen bei 9,5 Millionen Euro.

Netzbetreiber kann Solaranlage abschalten

Fotovoltaikmodule betreibt seit August 2012 auch der Fischverarbeiter Deutsche See auf seinen Produktionshallen in Bremerhaven. Als Nachteil sieht das Unternehmen, dass die Solaranlage dem Netzmanagement des örtlichen Netzbetreibers unterliegt. Bei Gefährdung der Netzsicherheit kann der Netzbetreiber die Anlage also aus der Ferne herunterregeln oder sogar ganz abschalten.

Windenergie bei Unternehmen im Aufwind

Mit eigenen Windenergieanlagen deckt seinen Bedarf das Fisch-Logistikzentrum des Handelskonzerns Metro in Groß-Gerau. An vier weiteren Standorten versorgen sich Metro-Märkte über Blockheizkraftwerke. Vier Windenergieanlagen betreibt auch BMW an seinem Leipziger Werk für die in diesem Jahr beginnende Produktion von Elektroautos. Bei guten Windverhältnissen versorgen die Anlagen auch Teile der übrigen Produktion mit Strom. (1), (9)

Weiterführende Literatur

(1) Aus eigener Kraft
aus Betriebs Berater Heft 51/2012 Seite 3171

(2) Photovoltaik-Dachanlagen für Gewerbe und Industrie / Der Eigenverbrauch von Solarstrom ermöglicht für Unternehmen eine unabhängige und bezahlbare Energieversorgung
aus news aktuell, 2012-12-10

(3) Erster Monitoring-Bericht "Energie der Zukunft"
aus Polit-X vom 21.12.2012

(4) Kosten sparen und Wettbewerbsvorteile sichern

aus Getränkeindustrie, Heft 06/2012, S. 20-23

(5) Strompreise sollen nicht mehr so drastisch steigen
aus DIE WELT, 29.01.2013, Nr. 24, S. 1

(6) Impulsgeber für die Energiewende Contracting mit Kraft-Wärme-Kopplung erschließt Effizienzpotenziale
aus Industrieanzeiger, Heft 27, 2012, S. 8

(7) Ein Altenpflegeheim setzt auf Energieeffizienz
aus WIRTSCHAFTS-INFORMATIONS-DIENST ENERGIE vom 03.September 2012

(8) Gernsheim: Merck baut Blockheizkraftwerk
aus Darmstädter Echo, 08.02.2013

(9) Großkunden laufen RWE, Eon und Co. davon
aus Darmstädter Echo, 08.02.2013

(10) Gesetzgebungskalender
aus Gesetzgebungskalender Heft 08/2012

Impressum

Strom selbst gemacht - immer mehr Unternehmen setzen auf Eigenerzeugung

Bibliografische Information der deutschen Nationalbibliothek

Die Deutsche Nationalbibliothek verzeichnet diese Publikation in der deutschen Nationalbibliografie; detaillierte bibliografische Daten sind im Internet über http://dnb.d-nb.de abrufbar.

ISBN: 978-3-7379-1540-3

© 2015 GBI-Genios Deutsche Wirtschaftsdatenbank GmbH, Freischützstraße 96, 81927 München, www.genios.de

Alle Rechte vorbehalten. Dieses Werk ist einschließlich aller seiner Teile – z.B. Texte, Tabellen und Grafiken - urheberrechtlich geschützt. Jede Verwertung außerhalb der Grenzen des Urheberrechtsgesetzes bedarf der vorherigen Zustimmung des Verlags. Dies gilt insbesondere auch für auszugsweise Nachdrucke, fotomechanische

Vervielfältigungen (Fotokopie/Mikroskopie), Übersetzungen, Auswertungen durch Datenbanken oder ähnliche Einrichtungen und die Einspeicherung und Verarbeitung in elektronischen Systemen.